gu
des cracras

JULIETTE
VALLERY

ILLUSTRATIONS
DE NATHALIE CHOUX

À Perrine.
J. V.

25

Chapitre 1

Cracra, on l'est ou on ne l'est pas.
Et moi, foi de Léo Crachouilla, je fais partie du camp des cracras !
Au petit déjeuner, je coince des mouches dans la gelée de fraise des bois : ça colle, berk ! J'adore ça !

Dans la journée, je ramasse les chewing-gums écrasés et je les fourre aux crottes de nez. C'est bon pour la santé !

Le soir, je fouille les poubelles des environs pour trouver de vieilles arêtes de poissons. J'en fais la collection !

Norbert, Sydney, Sacha…
tous mes copains sont comme moi.
Et ce qu'on déteste par-dessus tout,
c'est la bande des propres-sur-soi.

Un jour, Ajax, leur chef,
nous a lancé un défi.

– Hé, les cracras ! a-t-il crié.
Votre puanteur, on ne peut plus la supporter.
Il faut régler ça.
Rendez-vous à minuit sur les toits pour un grand combat.

– D'accord, ai-je répliqué.
Mais si vous perdez, vous vous frotterez le derrière dans la litière de Norbert !

– Entendu ! a répondu Ajax.
Mais si on gagne, vous vous laverez avec du savon Ronron Glamour trois fois par jour !

– Ronron Glamour ? Quelle horreur ! a-t-on crié en chœur.

– Vous vous dégonflez ? a dit Ajax, provocateur.

– Sûrement pas ! ai-je répondu. À ce soir, bande de matous miteux. Et gare à vos moustaches !

Chapitre 2

Le soir venu, on est allés à la décharge pour se préparer au combat. Tout ce dont on avait besoin était là : poissons pourris, papiers gras… On a rassemblé une tonne de saletés, on les a bien écrasées.

On a versé le tout dans
un bidon d'eau d'égout,
on a touillé comme
des fous. Et on a
rempli nos pistolets
de cette super-
mixture
100 % ordure !

Soudain, Misti, une minette
du quartier, est arrivée.

– Emmène-moi, Léo !
a-t-elle supplié.
Moi aussi, je déteste
les propres-sur-soi !

– Pas question,
ai-je répondu,
les minettes
n'ont rien à faire là.

– Mais je sais me battre
comme un vrai tigre. Regarde !

Et elle a donné des coups de griffes
dans le vide, avec un air terrible.
On était tous pliés de rire !

– Laisse tomber, bébé, ai-je ricané. Rentre dans ton grenier jouer à la poupée !

Furieuse, Misti est partie, la queue dressée et le poil tout hérissé.

Minuit a sonné. Il était temps de filer.

On a escaladé les gouttières,
la patte sur nos pistolets.
On ne sait jamais ! Mais
sur les toits… surprise !

Pas la moindre moustache
d'un propre-sur-soi !

– Où sont-ils passés ?
a demandé Sydney.

– Ils ont dû se dégonfler,
ai-je chuchoté, inquiet.

Soudain, une bande de matous a surgi des cheminées en nous bombardant de savons affreusement parfumés.

On a voulu fuir à la vitesse grand V, mais on glissait sur les toits comme sur une patinoire !

Sacha s'est retrouvé
le derrière par-
dessus les oreilles.

Norbert a avalé
un savon
tout rond.

Et moi, j'ai atterri
en vol plané dans
les pattes de Sydney.
Complètement sonné !

Chapitre 3

Tout semblait perdu quand j'ai vu une ombre se glisser. Un petit chat masqué s'approchait d'Ajax…

– Pas un geste, Ajax, ou tu vas avoir affaire à moi !

– Fiche le camp, a dit Ajax, tu ne m'impressionnes pas !

Alors l'inconnu a donné un coup de sifflet, et des milliers de bestioles sont arrivées. Il y avait de tout :

des cafards,

des rats d'égout,

des araignées velues,

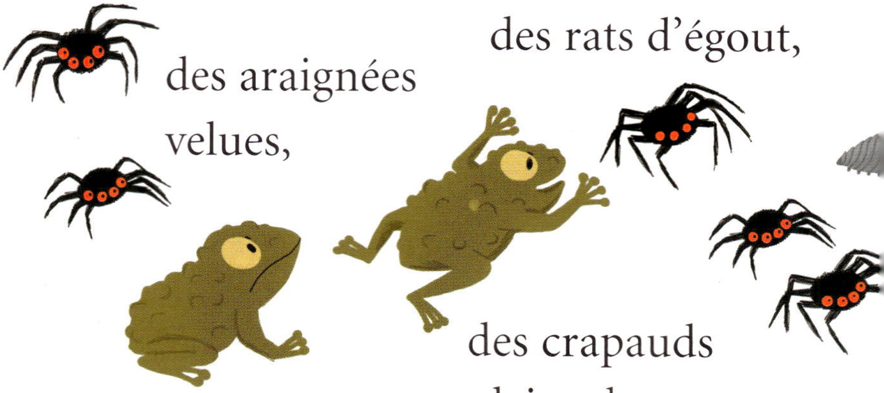

des crapauds pleins de verrues…

Les bestioles ont foncé droit
sur les propres-sur-soi.

Elles se frottaient à eux,
les couvraient de bisous
baveux…

Hum ! C'était vraiment affreux !

– Arrêtez,
ont supplié nos
ennemis, on se
rend, vous avez
gagné !

Aussitôt, le chat masqué
a rappelé sa terrible armée.
Nous, on hurlait de joie :
– Hourra ! Vive le chat masqué !

D’un geste vif,
notre super-héros
a enlevé son
masque…

– Misti ! ai-je crié,
stupéfait.

– Alors, mon minet,
que dis-tu de ma troupe
de petits crados ?

Je n'en revenais pas.
Sur ce coup-là, Misti m'avait vraiment épaté.

Pas de doute : avec une minette pareille à nos côtés, on allait faire régner la crasse dans tout le quartier !

FIN

300, rue Léon-Joulin, 31101 Toulouse Cedex 9 – France
www.editionsmilan.com
Loi 49.956 du 16.07.1949 sur les publications destinées à la jeunesse.
Dépôt légal : 2e trimestre 2008
ISBN : 978-2-7459-3253-2
Imprimé en France par Fournié
Création graphique : Bruno Douin (couverture) et Graphicat (intérieur).